Sobre los anfibios

Para Aquel que creó a los anfibios.

—*Génesis* 1:1

Publicado por
PEACHTREE PUBLISHING COMPANY INC.
1700 Chattahoochee Avenue
Atlanta, Georgia 30318-2112
www.peachtree-online.com

Texto © 2006, 2018 de Cathryn P. Sill
Ilustraciones © 2006, 2018 de John C. Sill
Traducción al español © 2018 de Peachtree Publishers

Primera edición bilingüe publicada en tapa dura y en rústica en 2018
Primera edición en español publicada en rústica en 2021

También disponible en edición en inglés
ISBN: 978-1-68263-031-0 (tapa dura)
ISBN: 978-1-68263-032-7 (rústica)

También disponible en edición bilingüe en inglés y español
ISBN: 978-1-68263-033-4 (rústica)

Editado por Vicky Holifield
Traducción al español: Cristina de la Torre
Corrección de estilo del español: Hercilia Mendizabal Frers
Corrección de pase del español: Lisa Sullivan

La editorial agradece al Dr. Larry Wilson por su guía con los nombres de los anfibios en español.

Ilustraciones pintadas en acuarela sobre papel 100% telado para acuarela de calidad de archivo.
Texto y títulos compuestos en Novarese por Adobe Systems.

Impreso en octubre de 2020 por Toppan Leefung en China
10 9 8 7 6 5 4 3 2 1 (rústica)
Primera edición

ISBN 978-1-68263-230-7

Los datos de catalogación y publicación se pueden obtener de la Biblioteca del Congreso.

Sobre los anfibios

Una guía para niños

Cathryn Sill

Ilustraciones de John Sill

Traducción de Cristina de la Torre

PEACHTREE

ATLANTA

Los anfibios tienen la piel suave y húmeda.

La mayoría de los anfibios
pasa parte de su vida en el agua...

y parte en la tierra.

Los anfibios salen de huevos
puestos en el agua o en sitios húmedos.

Cambian a medida que se hacen adultos.

Algunos anfibios tienen cola.

Otros pierden la cola a medida que crecen.

Los anfibios tienen muchos enemigos.

Algunos tienen camuflaje para protegerse.

Otros tienen glándulas venenosas en la piel
que los protegen de los predadores.

Los anfibios se entierran y duermen
cuando hace mucho calor o mucho frío.

Algunos anfibios tienen voz y se llaman entre sí.

La mayoría de los anfibios se alimenta de insectos.

Algunos comen culebras, gusanos
y otros animales pequeños.

Es importante proteger a los anfibios
y los lugares donde habitan.

Epílogo

LÁMINA 1

Hay más de 7.000 especies de anfibios en el mundo. Viven en todos los continentes menos la Antártida. Los anfibios se dividen en tres grupos: ranas y sapos, salamandras y tritones, y cecilias. Tienen glándulas que segregan una sustancia viscosa para proteger la piel y mantenerla húmeda. Algunos anfibios, como la salamandra roja, respiran por la piel porque no tienen pulmones. La salamandra roja habita el este de Estados Unidos.

LÁMINA 2

La palabra "anfibio" viene de una palabra griega que quiere decir "vivir dos vidas". Casi todos los anfibios viven en el agua cuando son jóvenes y en la tierra como adultos. Muchas ranas adultas, tales como la rana toro, viven en o cerca de agua dulce. Las ranas toro son las ranas más grandes de América del Norte. Son originarias del este de América del Norte pero se han introducido en el oeste de América del Norte.

LÁMINA 3

Casi todas las ranas que viven en la tierra regresan al agua para reproducirse. El sapo es un tipo de rana que habita lugares más secos. El sapo pata de pala tolera sitios muy secos porque puede meterse bajo tierra. Tienen una "pala" afilada en las patas traseras que le permite cavar en tierras arenosas o porosas. El sapo pata de pala habita los desiertos y las praderas del suroeste de Estados Unidos y México.

LÁMINA 4

Los huevos de los anfibios están recubiertos por una capa gelatinosa que evita que se sequen y los protege de predadores. De los huevos salen renacuajos o larvas. Las salamandras moteadas ponen una masa de cien huevos, más o menos, que adhieren a ramas o tallos bajo el agua. La salamandra moteada habita el este de América del Norte.

LÁMINA 5

El proceso de cambio por el que pasan los anfibios al crecer se llama "metamorfosis". Durante este cambio, a casi todos los anfibios les crecen patas y pulmones para poder vivir en la tierra. Los huevos del sapo americano tardan entre tres y doce días en romperse. Los renacuajos pueden demorarse hasta dos meses en convertirse en pequeños sapos recién desarrollados). El sapo americano habita el este de Estados Unidos y Canadá.

LÁMINA 6

Una salamandra mantiene su cola a través del cambio de larva a adulta. Tiene el cuerpo fino y usualmente cuatro patas, todas del mismo largo. La cola de la salamandra colilarga conforma más de dos terceras partes de su tamaño. La salamandra colilarga habita algunas zonas de Estados Unidos, los montes Apalaches y las Ozark, y el valle del río Ohio.

LÁMINA 7

A medida que una rana o un sapo crece de renacuajo a adulto, va perdiendo la cola y le salen patas traseras largas que le permiten saltar. La ranas tienen patas largas que les permiten saltar más alto y más lejos que los sapos. Los sapos, tales como el sapo de boca estrecha, tienen las patas más cortas y se mueven dando saltitos. Los sapos de boca estrecha se encuentran en el sureste de Estados Unidos.

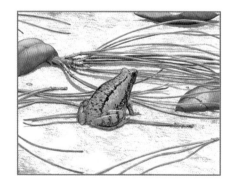

LÁMINA 8

Muchos animales —incluidos pájaros, culebras y mamíferos— se alimentan de anfibios adultos. Los peces y otros pequeños animales acuáticos se alimentan de las larvas de los anfibios. Las ranas leopardo evitan a los predadores saltando rápidamente al agua o saltando en zigzag hasta ponerse a salvo. Habitan casi toda América del Norte.

LÁMINA 9

Algunos anfibios tienen una coloración protectora que les sirve para esconderse de sus enemigos. Otros tienen colores brillantes que advierten a los predadores sobre su muy mal sabor. El color de la piel de las ranas arbóreas grises cambia de gris a verde de acuerdo con su entorno. Las ranas arbóreas grises habitan el este de Estados Unidos y el sureste de Canadá.

LÁMINA 10

Los sapos tienen bultos en la parte de atrás de la cabeza que largan veneno. El veneno le quema la boca y la garganta a cualquier animal que intente comérselo. Los sapos del río Colorado son tan venenosos que un perro probablemente quedaría paralizado (o hasta podría morirse) si los muerde. Habitan el extremo suroeste de Estados Unidos y el oeste de México.

LÁMINA 11

Los anfibios son animales de sangre fría. Esto quiere decir que la temperatura de su cuerpo es la misma que la de su entorno. Los anfibios se vuelven inactivos e hibernan cuando hace mucho frío, y entran en estado de estivación cuando el clima es caluroso y seco. Las ranas de madera son las únicas que habitan el norte del circulo polar ártico, en los bosques del norte de América del Norte. Los sapos de grandes llanuras pueden vivir en hábitats muy secos gracias a que escarban y se meten bajo la tierra porosa. Los sapos de grandes llanuras habitan los grandes llanos de América del Norte desde Alberta, Canadá, hasta el norte de México.

LÁMINA 12

La llamada de las ranas y los sapos machos atrae parejas y les advierte a otros machos que se mantengan alejados. El sonido sale de una bolsa vocal situada en la garganta de los animales. El canto de las *peepers* de primavera puede oírse hasta a media milla de distancia y es una de las primeras señales de la primavera en el este de América del Norte.

LÁMINA 13

Las ranas y los sapos cazan insectos sacando la lengua. La presa queda pegada a la lengua y en seguida es metida dentro de la boca. Los sapos roble se alimentan principalmente de hormigas. Son los sapos más pequeños de América del Norte. Los sapos roble habitan zonas de la costa sureste de Estados Unidos.

LÁMINA 14

Las salamandras también usan la lengua para cazar sus presas. Al igual que todos los anfibios, se tragan la comida sin masticarla. Algunos anfibios tienen dientes, pero los usan solamente para mantener atrapadas a sus presas. Las salamandras tigre son grandes y terrestres, y se alimentan de casi cualquier animal que les quepa en la boca. Son la especie de salamandra más extendida de América del Norte.

LÁMINA 15

Los anfibios son muy beneficiosos para los humanos. Muchos anfibios comen insectos que transmiten enfermedades y destruyen cultivos. Los anfibios sirven de alimento a otros animales. Las sustancias químicas que se encuentran en la piel de algunos anfibios se usan como medicamentos. Los anfibios son importantes en investigaciones científicas y en la educación. Los científicos creen que el descenso en el número de anfibios indica problemas en el medio ambiente. Podemos proteger a los anfibios, incluidas las ranas arbóreas del yermo de Pinos, preservando los pantanos y otros hábitats donde viven. Las ranas arbóreas del yermo de Pinos se encuentran en unos pocos lugares del este de Estados Unidos.

GLOSARIO

cecilias: anfibio con apariencia de gusano que usualmente habita bajo tierra en el trópico

estivación: cuando un animal se mantiene inactivo durante los días calurosos y secos

larva: la forma más joven de un anfibio o insecto

masa: gran grupo de cosas amontonadas

predador: animal que sobrevive cazando y comiéndose a otros animales

presa: animal que es cazado y comido por un predador

reproducirse: tener bebés

especie: grupo de animales o plantas que se parecen en muchos aspectos

OTRAS LECTURAS SUGERIDAS

LIBROS

DK *Eyewitness Books*: *Amphibian* by Dr. Barry Clarke (DK Publishing)

The Science of Living Things: *What is an Amphibian?* by Bobbie Kalman
and Jacqueline Langille (Crabtree Publishing Company)

SITIOS WEB

www.kids.nationalgeographic.com/animals/amphibians
www.kidzone.ws/animals/amphibian1.htm
www.amphibianark.org/education/what-are-amphibians
www.stlzoo.org/animals/abouttheanimals/amphibians

EDICIONES BILINGÜES

Rustica: 978-1-68263-033-4
Tambíen disponible en inglés
Tapa dura: 978-1-68263-031-0
Rustica: 978-1-68263-032-7

Rustica: 978-1-56145-783-0
Tambíen disponible en inglés
Tapa dura: 978-1-56145-688-8
Rustica: 978-1-56145-699-4

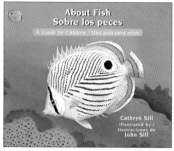

Rustica: 978-1-56145-989-6
Tambíen disponible en inglés
Tapa dura: 978-1-56145-987-2
Rustica: 978-1-56145-988-9

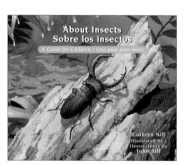

Rustica: 978-1-56145-883-7
Tambíen disponible en inglés
Tapa dura: 978-1-56145-881-3
Rustica: 978-1-56145-882-0

Rustica: 978-1-56145-800-4
Tambíen disponible en inglés
Tapa dura: 978-1-56145-757-1
Rustica: 978-1-56145-758-8

Rustica: 978-1-56145-909-4
Tambíen disponible en inglés
Tapa dura: 978-1-56145-907-0
Rustica: 978-1-56145-908-7

Rustica: 978-1-68263-071-6

Rustica: 978-1-68263-072-3

Rustica: 978-1-68263-154-6

Rustica: 978-1-68263-155-3

Los Sill

Cathryn Sill, graduada de Western Carolina University, fue maestra de escuela primaria durante treinta años.

John Sill es un pintor de vida silvestre que ha publicado ampliamente y recibido diversos galardones. Nacido en Carolina del Norte, es diplomado en Biología de Vida Silvestre por North Carolina State University.

Los Sill, que han colaborado en vientiseis libros para niños sobre la naturaleza, viven en Carolina del Norte.